SUCCESSIONS
DES FRANÇAIS DÉCÉDÉS EN FRANCE
LAISSANT DES BIENS EN ANGLETERRE

ET

DE QUELQUES NOTIONS
DE DROIT ANGLAIS SUR LES SUCCESSIONS

PAR

PIERRE PELLERIN

Licencié en Droit

AVOCAT DU BARREAU DE LONDRES

PARIS
Librairie générale de Jurisprudence
MARCHAL & BILLARD
Imprimeurs-éditeurs
Libraires de la Cour de Cassation
27, place Dauphine.

1908

DES SUCCESSIONS

DE FRANÇAIS DÉCÉDÉS EN FRANCE LAISSANT DES BIENS EN ANGLETERRE

ET

DE QUELQUES NOTIONS DE DROIT ANGLAIS SUR LES SUCCESSIONS

PAR

PIERRE PELLERIN

Licencié en Droit

AVOCAT DU BARREAU DE LONDRES

PARIS
Librairie générale de Jurisprudence
MARCHAL & BILLARD
Imprimeurs-éditeurs
Libraires de la Cour de Cassation
27, place Dauphine.

1908

PRÉFACE

Il arrive souvent que la succession de Français décédés en France comprend des biens en Angleterre. Ce sont soit des titres nominatifs, des valeurs anglaises, soit des valeurs françaises ou étrangères, ou des espèces en dépôt ou en compte courant dans une banque anglaise.

Pour retirer les fonds ou titres des banques en Angleterre, pour obtenir le transfert des valeurs nominatives au nom des ayants-droit en France, légataires ou héritiers, il est indispensable de faire en Angleterre la procédure nécessaire pour obtenir soit le « probate » (acte probatif) du testament, soit des lettres d'administration. Aussi nous a-t-il paru intéressant d'indiquer les formalités à remplir en Angleterre en pareil cas. Nous avons donné en même temps quelques notions de droit anglais sur les successions en envisageant spécialement les cas qui peuvent intéresser des Français. Cette petite brochure est purement pratique et les questions de théorie et de doctrine n'y ont pas été étudiées.

P. PELLERIN.

56, rue la Boëtie, Paris.
Mars 1908.

PRINCIPES GÉNÉRAUX

Il est indispensable de résumer tout d'abord quelques-unes des différences les plus caractéristiques entre le droit anglais et le droit français sur les successions. Ces différences permettront de mieux comprendre la suite des explications.

En Angleterre, il existe une grande distinction naturelle entre les successions mobilières et les successions immobilières. Les règles de dévolution des successions « ab intestat » diffèrent suivant que l'actif est mobilier ou immobilier. Lorsque le défunt ne laisse en Angleterre que des biens immobiliers, il n'est pas nécessaire qu'il désigne un exécuteur, car l'héritier (heir at law) est légalement saisi des biens immobiliers sans qu'il ait à remplir aucune formalité. Lorsqu'au contraire le défunt laisse des biens mobiliers, les héritiers (next of kin) ne représentent pas la succession : il est nécessaire qu'un exécuteur ou un administrateur soit nommé qui sera légalement saisi de la succession.

Cependant, depuis le 1er janvier 1898, le « probate » (*a*) et les lettres d'administration peuvent être obtenus dans

(*a*) Le « probate » d'un testament consiste dans une copie officielle du testament avec une déclaration annexée constatant que l'original du dit testament a été déposé à la Haute Cour de Justice d'Angleterre, division du « probate », et indiquant le nom de l'exécuteur ainsi que la date du décès.

Cette copie (probate copy) constitue désormais le titre de l'exécuteur.

le cas où la succession ne comprend que des biens immobiliers.

En droit français, la succession forme une universalité de biens transmis à l'héritier qui devient le représentant du défunt.

En droit anglais, au contraire, l'héritier (heir at law) d'une succession immobilière ne continue pas la personne du défunt, il succède aux biens, sans être tenu des dettes ; il en est de même pour une succession mobilière, l'exécuteur et l'administrateur ont la saisine, mais jusqu'à concurrence seulement de l'actif mobilier. C'est d'ailleurs ce qui explique que l'acceptation sous bénéfice d'inventaire du droit français soit totalement inconnue en Angleterre : l'héritier, l'exécuteur ou l'administrateur n'étant jamais tenu du passif que jusqu'à concurrence du montant de la succession. Pour la même raison, il n'y a pas lieu de renoncer à une succession en Angleterre.

Il convient encore de remarquer qu'en Angleterre la liberté de tester est absolue et que la réserve du droit français et par suite la quotité disponible sont inconnues.

L'expression « next of kin » représente les parents, héritiers de la succession mobilière. L'expression « heir at law » indique l'héritier de la succession immobilière.

DISTRIBUTION DES BIENS D'UNE PERSONNE DÉCÉDÉE « AB INTESTAT »

Ainsi qu'il a été dit ci-dessus, d'après la loi anglaise, la dévolution des biens d'une personne décédée « ab intestat » diffère suivant que les biens sont mobiliers ou immobiliers.

1° — *Succession mobilière.*

Lorsqu'un Anglais, domicilié en Angleterre, décède « ab intestat » en France où il avait une résidence momentanée et y laisse des biens mobiliers, la succession, quant aux meubles, est régie par la loi anglaise : « mobilia personam sequuntur (*a*). Aussi, il nous a paru intéressant d'exposer comment sont dévolus, suivant le droit anglais, les biens mobiliers d'une personne décédée « ab intestat ».

La loi qui règle la dévolution mobilière d'une personne

(*a*) D'après quelques arrêts récents, c'est encore la loi anglaise qui est applicable à la succession mobilière d'un Anglais décédé en France, même s'il y avait un domicile de fait ; la théorie du renvoi commence en effet à être abandonnée par ses plus fervents partisans, quoique la jurisprudence soit encore unanime à l'admettre : il y a cependant un revirement de cette jurisprudence et un arrêt fortement motivé de la Cour de Paris (2e chambre 1er août 1905, Clunet J. D. I. P. 1900 p. 178) a déclaré que, lorsque le législateur français, d'après l'interprétation de l'art. 3 du Code civil avait décidé que la succession mobilière d'un étranger décédé en France sans y avoir son domicile de droit, serait réglée par sa loi nationale, il formulait une règle de droit international privé, ayant un caractère impératif et qui n'était pas susceptible de varier suivant les dispositions des législations étrangères.

décédée « ab intestat » est une loi du 25 juillet 1890 (Intestates' estates Act 1890, loi nos 53 et 54 de la 29e année du règne de la Reine Victoria).

Cette loi a créé un privilège en faveur de la veuve du de cujus ne laissant pas de descendants ; cette dernière a droit à une somme de 500 livres sterlings (12.500 fr.) lorsque l'actif mobilier et immobilier ne dépasse pas cette somme. Quand la succession mobilière et immobilière est supérieure à 500 livres, la veuve a droit, avant tout partage, à une somme de 500 livres, sans préjudice de tous ses droits dans la succession.

Sans vouloir, dans une étude purement pratique, faire de comparaison entre les dispositions de cette loi et celles de la loi française du 9 mars 1891 (art. 767 Code Civil), remarquons toutefois l'analogie qui existe entre elles.

Si le de cujus meurt « ab intestat », laissant à la fois une veuve et un ou plusieurs enfants, la veuve a droit au tiers de l'actif net des biens mobiliers, le surplus revenant aux enfants, qu'ils soient un ou plusieurs.

Si le de cujus ne laisse pas de descendants, la veuve a droit à la moitié de l'actif net, l'autre moitié revenant aux plus proches parents. Si la femme décède la première, le mari a droit à la totalité de l'actif net, excluant ainsi ses propres enfants qui se trouvent déshérités.

Lorsqu'il y a des descendants, la part qui leur revient se partage entre eux soit par tête, soit par souche, d'après les principes de la représentation. Il est à remarquer qu'en droit anglais, il n'y a aucune distinction entre les enfants de lits différents.

A défaut d'enfants ou de descendants, la succession revient au père du défunt. Si cependant le de cujus avait laissé une veuve, le père n'a droit qu'à la moitié de la succession, l'autre moitié revenant à la veuve. Lorsque le père est prédécédé, la succession se partage entre la mère, les frères et les sœurs du de cujus ; en droit anglais, les demi-frères et sœurs ont les mêmes droits que les frères et sœurs germains.

En cas de prédécès du père, et si la mère seule survit sans qu'il y ait de frère ou de sœur du de cujus, la mère de ce dernier recueille la totalité de la succession, si la veuve n'a pas survécu, et la moitié seulement si la veuve vit encore. Si la mère du de cujus survit ainsi que l'un de ses frères ou l'une de ses sœurs, et si un autre frère ou une autre sœur du de cujus est décédé avant lui, les enfants de ce frère ou de cette sœur prédécédé ont les mêmes droits que leur auteur par représentation.

En ligne collatérale, si tous les héritiers sont parents au même degré, la représentation s'opère par tête et non par souche. Ainsi, lorsqu'il n'y a plus ni mère, ni frère, ni sœur, les enfants des frères ou sœurs prédécédés ne viennent plus à la succession de leurs auteurs par représentation : la succession se partage par tête entre les plus proches parents.

Le droit de représentation qui a lieu « in infinitum »

lorsqu'il s'agit des descendants et qui existe au profit des enfants des frères et sœurs du défunt, lorsqu'il y a un frère ou une sœur survivants, ne s'étend plus au profit des petits-enfants des frères et sœurs prédécédés.

Les degrés se comptent comme en France, mais on ne tient compte ni de la ligne paternelle, ni de la ligne maternelle, et l'on ne se préoccupe pas de savoir si les parents sont consanguins ou germains.

2° — *Succession immobilière.*

Lorsqu'un Français décède « ab intestat » possédant un immeuble en Angleterre, c'est la « lex rei sitae » qui détermine dans quelles conditions la dévolution de cet immeuble devra être effectuée : c'est-à-dire la loi anglaise.

Il peut donc être intéressant de connaître quels sont les principes de droit anglais à ce sujet.

Le droit de succéder « ab intestat » se détermine lorsqu'il s'agit d'immeubles, en prenant pour point de départ le « purchaser », c'est-à-dire celui qui a acquis l'immeuble soit par testament, donation ou vente, par opposition à celui qui a recueilli l'immeuble « by descent », c'est-à-dire à titre de transmission « ab intestat ».

La loi qui règle la dévolution des successions immobilières « ab intestat », est une loi de 1833 (an Act for the Amendment of the Law of Inheritance, 3, 4 William IV, C. 106).

L'ordre des successions en matière immobilière à partir

du « purchaser » peut se résumer dans les règles suivantes : 1° Les descendants « ad infinitum » du dernier « purchaser », succèdent en premier ordre ; 2° Les enfants du sexe masculin excluent ceux du sexe féminin ; 3° Parmi les enfants mâles l'aîné exclut le cadet, et en cas de prédécès du fils aîné et de ses descendants, c'est le puiné à qui l'immeuble est dévolu. S'il n'y a pas de fils, l'immeuble est partagé par tête entre les filles ; 4° Lorsqu'il n'existe plus de descendants « ad infinitum » du dernier « purchaser », l'ordre des héritiers est le suivant : a/ le père du « purchaser », le frère aîné ou ses descendants, les autres frères et sœurs ou leurs descendants, les autres ascendants paternels. b/ La mère du « purchaser », les frères ou sœurs utérins, les ascendants maternels. c/ Les autres collatéraux.

A défaut de parents quelconques du « purchaser », l'immeuble est dévolu à la famille du dernier possesseur.

Voici un tableau qui résumera brièvement ce que nous venons d'exposer relativement à la dévolution « ab intestat » d'une succession mobilière et d'une succession immobilière. Dans une colonne spéciale, nous avons indiqué les personnes qui ont le droit de demander les lettres d'administration.

Si le *de cujus* meurt *ab intestat* laissant comme héritiers	Ses biens immobiliers sont dévolus	Ses biens mobiliers sont dévolus	Les lettres d'administration sont accordées
Dans chacun de ces cas la femme a droit à un prélèvement de 500 livres. — Sa femme seulement sans autres héritiers.	A la Couronne.	1/2 à la femme, 1/2 à la Couronne.	A la femme.
Sa femme et son père.	A son père.	1/2 à la femme, 1/2 à son père.	A la femme.
Sa femme et sa mère, sans parents paternels.	A sa mère.	1/2 à la femme, 1/2 à la mère.	A la femme.
Femme, mère, frères et sœurs, neveux et nièces.	Au frère aîné ou à ses descendants.	1/2 à la femme, 1/2 par parts égales entre les autres, *per stirpes*.	A la femme.
Femme, mère, neveux et nièces.	Au fils aîné du frère aîné.	1/2 à la femme, 1/4 à la mère et 1/4 aux neveux et nièces, *per stirpes*.	A la femme.
Ni femme, ni enfant.	A l'ascendant paternel.	Au plus proche parent.	Au père ou au grand-père.
Des fils ou filles d'un ou plusieurs lits.	Au fils aîné.	A chacun par part égale.	A un, deux ou trois enfants, mais pas à plus de trois.
Des enfants d'un ou de plusieurs lits et des petits-enfants.	Au fils aîné.	Par part égale entre tous, les petits-enfants, *per stirpes*.	d°

Si le *de cujus* meurt *ab intestat* laissant comme héritiers	Ses biens immobiliers sont dévolus	Ses biens mobiliers sont dévolus	Les lettres d'administration sont accordées
Des filles d'un ou de plusieurs lits.	Aux filles par parts égales.	Par parts égales entre toutes.	A un, deux ou trois enfants, mais pas à plus de trois.
Un mari et des fils.	Au fils aîné.	Au mari.	Généralement au mari, mais elles peuvent être accordés aux fils.
Un mari et des filles.	Aux filles par parts égales.	Au mari.	Au mari.
Une mère.	A la mère.	A la mère.	A la mère.
Mère, frères et sœurs.	Au frère aîné.	Par parts égales entre tous.	A la mère.
Mère et sœurs.	Aux sœurs par parts égales.	Par parts égales entre toutes.	A la mère.
Père et mère, frères et sœurs.	Au père.	Au père.	Au père.
Fils, filles et petit-fils, fils du fils aîné.	Au petit-fils.	Par parts égales, *per stirpes*.	Au fils ou à la fille, mais pas à plus de trois.
Frère ou sœur germains et demi frère ou demi-sœur côté paternel ou maternel.	Au frère germain ou à la sœur germaine.	Par parts égales entre eux.	Au frère ou à la sœur ou à tous deux.

Si le *de cujus* meurt *ab intestat* laissant comme héritiers	Ses biens immobiliers sont dévolus	Ses biens mobiliers sont dévolus	Des lettres d'administratien sont accordées
Frères ou sœurs ou grand-père ou grand'mère.	Au frère aîné.	Par parts égales entre les frères et sœurs.	A un ou plusieurs frères ou sœurs, mais pas à plus de 3.
Une sœur et des enfants de cette sœur.	Par parts égales, *per stirpes.*	Par parts égales, *per stirpes.*	A la sœur.
Des neveux et nièces de frères et sœurs.	A l'aîné des neveux, fils du frère aîné.	Par parts égales entre eux.	A l'un ou plusieurs des neveux et nièces, mais pas à plus de 3.
Un frère et une tante.	Au frère.	Au frère.	Au frère.
Une grand'mère paternelle ou maternelle et un oncle ou une tante paternels.	A l'oncle ou à la tante.	A la grand'mère.	A la grand'mère.
Une grand'mère, un oncle ou une tante maternels.	A la grand'mère.	A la grand'mère.	A la grand'mère.
Des tantes et des neveux et nièces, enfants d'un frère.	A l'aîné des neveux.	Entre eux.	A l'un ou plusieurs des neveux, nièces ou tantes, mais pas à plus de 3.
Des tantes du côté paternel et des oncles et tantes du côté maternel.	Aux tantes du côté paternel, par parts égales.	Entre eux.	A l'un ou plusieurs d'entre eux, mais pas à plus de 3.
Cousins et cousines germains et petits-fils et petites filles d'un frère.	A l'aîné des petits-fils du frère.	Entre tous.	A l'un ou à plusieurs, mais à pas plus de 3.
Aucun parent.	A la Couronne.	A la Couronne.	A la Couronne ou à un créancier.

DE LA SUCCESSION DES ENFANTS ILLÉGITIMES

En Angleterre, l'enfant illégitime n'a aucun droit à la succession de ses parents naturels.

Si un enfant naturel meurt « ab intestat », après s'être marié, les seuls ayants-droit de sa succession sont sa veuve et ses enfants.

En cas de décès de la femme, enfant naturelle, c'est le mari qui a droit à sa succession, s'il lui a survécu.

DES EXÉCUTEURS TESTAMENTAIRES ET DES ADMINISTRATEURS D'UNE SUCCESSION « AB INTESTAT »

Le de cujus peut avoir laissé un testament disposant de tous ses biens, ou peut décéder « ab intestat ».

Dans le cas de succession testamentaire il est nécessaire qu'un exécuteur ait été préposé, et pour les successions qui ne sont pas réglés par testament, la nomination d'un administrateur est toujours indispensable. Les personnes qui représentent la succession mobilière sont soit l'exécuteur, s'il y a un testament, soit l'administrateur si le défunt est décédé « ab intestat », ou encore si aucun exécuteur n'a été désigné dans le testament.

a) *Des exécuteurs.* — Depuis le « Land Transfer Act 1897 » l'exécuteur d'une succession est saisi des biens immobiliers aussi bien que des biens mobiliers. Avant cette loi, l'héritier (heir at law) des biens immobiliers était saisi directement sans que l'exécuteur de la succession en ait la possession.

Dans ce cas d'ailleurs l'exécuteur ne recueille les biens immobiliers que pour payer le passif ou acquitter les legs, et en réalité, l'héritier se trouve avoir la saisine des biens immobiliers dès le décès du de cujus.

Il n'y a pas lieu d'établir d'analogie entre l'exécuteur testamentaire du droit français et l'exécuteur du droit anglais. Le premier est un mandataire du défunt imposé aux héritiers et légataires en ce sens que, loin de les représenter, il doit, pour accomplir la volonté du défunt, surveiller et contrôler leurs actes. Le second représente la succession.

Si un exécuteur est désigné dans un testament, c'est lui qui a le droit d'administrer la succession. Si toutefois l'exécuteur nommé n'était pas solvable ou était déclaré en faillite, il est possible d'obtenir du tribunal qu'il soit remplacé par une autre personne.

Dans certains cas, par exemple, lorsque l'exécuteur testamentaire demeure en dehors de l'Angleterre, on peut obtenir, sur une ordonnance du Tribunal, l'autorisation de faire nommer un administrateur qui remplacera l'exécuteur, en prouvant que l'administration de la succession pourra être retardée par suite de la résidence en pays étranger de l'exécuteur nommé dans le testament.

Lorsque plusieurs exécuteurs sont désignés dans un testament, il suffit qu'un seul agisse pour représenter valablement la succession. Si, par exemple, l'un des deux ou trois exécuteurs nommés est décédé avant le testateur lui-même, l'exécuteur survivant a le droit à lui seul de représenter la succession.

b) *Des administrateurs.* — Il y a lieu de nommer un administrateur, lorsqu'il n'y a pas de testament ou lorsqu'il y a un testament ne désignant pas d'exécuteur. Dans ce dernier cas, l'administrateur est désigné sous le nom d'administrateur « cum testamento annexo ».

Il y a lieu à la nomination d'administrateur « cum testamento annexo » dans les cas suivants : 1° Si aucun exécuteur n'a été nommé dans le testament ; 2° Si les exécuteurs désignés dans le testament sont tous décédés pendant la vie du testateur ; 3° Si les exécuteurs nommés ont refusé d'agir ; 4° Si l'exécuteur réside à l'étranger et si l'administration de la succession peut être retardée de ce fait.

Pour nommer un administrateur « cum testamento annexo », le tribunal adopte les règles suivantes : 1° La personne qui recueille la plus grosse part de la succession doit être nommée de préférence ; 2° Un seul administrateur est préféré à une administration indivise.

Voici l'ordre dans lequel les administrateurs « cum testamento annexo » sont ordinairement choisis : 1° Le ou les légataires universels ; 2° Les ayants-droit du légataire universel si ce dernier est décédé ; 3° La veuve ou le mari, ou les plus proches parents (next of kin).

Lorsqu'il n'y a pas de testament, l'ordre adopté par le tribunal pour la nomination de l'administrateur est le suivant : 1° Le mari ou la femme. Toutefois, en cas de séparation judiciaire ou de divorce, ce droit se trouve modifié ; 2° Les enfants ; 3° Les petits-enfants ; 4° Les arrière-petits-enfants ; 5° Le père ; 6° La mère ; 7° Les frères et les sœurs ; 8° Les grands-pères et grand'mères ; 9° Les neveux et nièces, oncles et tantes, bisaïeuls et bisaïeules, et 10° Les petits-neveux et petites-nièces.

PROCÉDURE POUR OBTENIR L'ACTE PROBATIF DU TESTAMENT OU LES LETTRES D'ADMINISTRATION

Nous n'entrerons pas ici dans les détails de la procédure anglaise pour obtenir le « probate » du testament ou les lettres d'administration. Nous envisagerons seulement le cas d'un de cujus Français domicilié en France laissant des biens en Angleterre, et nous examinerons les formalités que devront remplir l'exécuteur ou les personnes qui ont droit aux lettres d'administration et qui demeurent en France, pour obtenir le « probate » ou les lettres d'administration en Angleterre.

L'exécuteur ou l'administrateur résidant en France ont deux moyens à leur choix pour obtenir le « probate » ou les lettres d'administration : ou bien ils peuvent signer un pouvoir « ad hoc » devant un consul britannique en France, aux termes duquel ils nommeront un mandataire qui sera chargé en leur lieu et place de demander aux Tribunaux anglais soit le « probate » du testament soit les lettres d'administration. C'est en général le procédé le plus simple. Ou bien, et c'est le second moyen, l'exécuteur ou l'administrateur français ne nomment point de mandataire, ils agissent directement et signent devant le consul britannique en France les pièces suivantes : 1° Un acte par lequel l'exécuteur ou l'administrateur s'engagent, sous le sceau du serment, à rendre un compte exact et fidèle de la succession, à acquitter le passif, à délivrer les legs et à remettre le surplus au légataire universel. A cet acte sont joints la copie certifiée du testament français, s'il y en a, ainsi que l'acte de décès. Les signatures de ces pièces devront être légalisées suivant les formes habituelles pour les actes qui doivent être produits à l'étranger. 2° Un affidavit avec un compte indiquant la liste des biens et leur valeur. Les formes d'affidavit diffèrent suivant que le montant de la succession dépasse ou non 500 livres sterling. 3° Dans le cas de lettres d'administration et dans ce cas seulement un « bond », sorte d'obligation qui est en général du double de la valeur du montant de la succession et qui est garanti par une ou plusieurs cautions.

Le « probate » du testament ne peut être demandé au tribunal avant le septième jour qui suit le décès du testateur ; lorsqu'il n'y a pas de testament et qu'il est nécessaire d'obtenir des lettres d'administration un délai doit être également observé, il est de quatorze jours à partir de la date du décès du de cujus.

C'est la Haute Cour de Justice d'Angleterre, division du « probate », qui délivre le « probate » ou les lettres d'administration.

FONCTIONS DE L'EXÉCUTEUR OU DE L'ADMINISTRATEUR

a/ Le premier soin de l'exécuteur ou de l'administrateur est de s'occuper des funérailles du défunt. b/ Lorsqu'un exécuteur est désigné dans le testament, il doit ensuite obtenir l'acte probatif du testament. S'il n'y a pas de testament ou si aucun exécuteur n'a été désigné dans le testament, la personne qui a droit à l'administration de la succession demande à la Cour des « probate » les lettres d'administration simples ou « cum testamento annexo ». c/ L'exécuteur ou l'administrateur doivent dresser un inventaire sous serment de tous les biens possédés par le défunt et le déposer au greffe. d/ Ils doivent acquitter les droits de mutation. e/ Ils ont ensuite à réaliser tout l'actif de la succession. f/ Ils doivent payer les dettes du défunt, contributions, loyer, etc. g/ Ils acquittent les legs. h/ Dès que les dettes et les legs ont été payés, ils remettent le surplus au légataire universel. S'il n'y a pas de testament, après avoir acquitté le passif, ils distribuent le reliquat de la succession aux ayants-droit.

DU PASSIF

Les exécuteurs ou administrateurs ont pour mission de liquider le passif.

Le passif doit être acquitté dans l'ordre suivant : 1° Les frais funéraires et ceux de la liquidation ; 2° Les créances envers la Couronne ; 3° Les créances privilégiées résultant des jugements inscrits ; 4° Celles résultant de jugements rendus contre l'exécuteur ; 5° Les créances résultant de reconnaissances faites en justice ; 6° Les créances ordinaires.

Les exécuteurs ont qualité pour apprécier le passif.

Avant de distribuer l'actif et afin de sauvegarder leur responsabilité, les exécuteurs ou administrateurs font paraître des insertions dans des journaux, généralement dans le « London Gazette » et le « Times », en tout cas dans un journal de l'endroit où est décédé le de cujus, indiquant que les personnes qui peuvent avoir des créances à faire valoir doivent adresser leurs réclamations dans un délai déterminé. Si après l'expiration de ce délai d'autres créanciers se font connaître et si l'exécuteur ou l'administrateur ont déjà fait la remise des legs, ils ne peuvent être responsables de ce passif supplémentaire.

DU PAIEMENT DES LEGS

Un Français peut être légataire dans une succession anglaise : il y a donc lieu d'examiner dans quelles conditions et dans quel délai le paiement des legs a lieu en Angleterre. Une règle générale domine la matière : on ne peut acquitter un legs avant que tous les créanciers du défunt n'aient été désintéressés.

Les legs, à défaut de clauses expresses, ne grèvent pas les immeubles.

L'exécuteur ou l'administrateur ne sont pas tenus de remettre le reliquat de l'actif aux ayants-droit avant l'expiration d'une année à compter du décès. Ce délai d'un an leur est accordé pour payer les créanciers qui sont connus et pour rechercher, avant de se dessaisir des fonds, ceux qui ne se sont pas encore révélés.

C'est seulement à partir de la première année qui suit le décès que les legs sont productifs d'intérêts, si l'exécuteur n'en a pas effectué la délivrance. Le taux de l'intérêt en pareil cas est de 4 %.

Il y a, en Angleterre comme en France, deux catégories de legs : les legs universels et les legs particuliers.

Les legs particuliers se divisent en legs spécifiques, démonstratifs et généraux.

Le legs spécifique est celui relatif à une part dûment indiquée de l'actif mobilier du de cujus.

Le legs démonstratif est celui d'une somme à prélever sur un certain fonds dûment spécifié.

Le legs général est celui qui est payable sur l'actif global de la succession sans désignation expresse.

Une fois que le passif est acquitté et si l'actif qui reste

ne suffit pas pour acquitter tous les legs intégralement, ce sont d'abord les legs généraux qui reçoivent une réduction proportionnelle.

Les legs spécifiques doivent être payés de préférence aux legs généraux.

DU TRANSFERT DES TITRES NOMINATIFS ANGLAIS

Lorsque les lettres d'administration ou le « probate » ont été obtenus, l'administrateur ou l'exécuteur déposent les dites lettres ou le « probate » aux bureaux des Sociétés dont le de cujus possédait des valeurs nominatives, de façon à faire effectuer le transfert de ces titres au profit des légataires particuliers, universels ou des héritiers. Lorsque ce dépôt a été effectué, l'exécuteur ou l'administrateur font signer des feuilles de transfert aux différents ayants-droit : ils leur vendent en quelque sorte moyennant un prix purement nominal les valeurs qui leur reviennent. Ils déposent ensuite les feuilles de transfert dûment régularisées aux bureaux des Sociétés pour la délivrance des nouveaux certificats.

DROITS DE MUTATION PAYABLES AU FISC ANGLAIS SUR LES SUCCESSIONS

Les « death duties » sont des droits perçus par le gouvernement anglais sur les biens de personnes décédées.

Ils correspondent en quelque sorte aux droits de mutation du droit français. Mais, en Angleterre, il y a quatre droits différents :

1° « Estate duty » ;
2° « Settlement Estate duty ».
3° « Legacy duty » ;
4° « Succession duty » ;

L' « Estate duty » est dû dans tous les cas, sauf cependant si le défunt est insolvable, ou si l'actif brut de la succession est inférieur à 100 livres sterling.

« Estate Duty »

Ce droit est perçu sur la valeur de la totalité des biens mobiliers et immobiliers possédés par le défunt et aussi sur tous les biens de toute nature qui passent à des tiers par suite de son décès (usufruits se confondant avec nues propriétés).

Ce droit est également perçu sur la valeur de tous les biens donnés par le défunt à des tiers par actes de disposition entre vifs dans les douze mois qui ont précédé son décès.

Dans le chiffre de l'actif qui sert de base pour calculer l' « estate duty », on doit comprendre non seulement le capital, mais les revenus courus au jour du décès.

L' « estate duty » est calculé sur le capital de la succession, déduction faite des dépenses funéraires et du passif dont on peut justifier. Si, par exemple, un Français domicilié en France y décède laissant des valeurs mobilières en Angleterre, on peut, sur justification, déduire de l'actif anglais de la succession le montant payé pour les droits de mutation en France relativement aux valeurs mobilières anglaises.

Le droit d' « estate duty » est payable au moment où l'acte probatif du testament ou les lettres d'administration d'une succession « ab intestat », sont demandés au greffe de la Cour des « Probate ». Il est productif d'intérêt à 3 % à partir de la date du décès.

L'article 1er de la loi du 31 juillet 1894 déterminait l' « estate duty » perçu sur la valeur des biens mobiliers et immobiliers dépendant de la succession du de cujus. Cet article a été modifié par l'art. 12 de la loi des Finances de 1907.

Ce droit est gradué conformément au tableau ci-après :

Si l'actif brut n'excède pas	300	Livres sterl.	30 sh.
—	500	—	50

Si la valeur nette est supérieure à :

100	et n'excède pas	500	liv. ster.	1 liv. st. 0 sh.	%
500	—	1.000	—	2 : 0	%
1.000	—	10.000	—	3 : 0	%
10.000	—	25.000	—	4 : 0	%
25.000	—	50.000	—	4 : 10	%
50.000	—	75.000	—	5 : 0	%

75.000	et n'excède pas	100.000	liv. ster.	5 l. st. 10 sh. %
100.000	—	150.000	—	6 : 0 %
150.000	—	250.000	—	7 : 0 %
250.000	—	500.000	—	8 : 0 %
500.000	—	750.000	—	9 : 0 %
750.000	—	1.000.000	—	10 : 0 %
1.000.000	—	1.500.000	—	10 : 0 % sur 1.000.000 et 11 : 0 % sur le surplus
1.500.000	—	2.000.000	—	10 : 0 % sur 1.000.000 et 12 : 0 % sur le surplus
2.000.000	—	2.500.000	—	10 : 0 % sur 1.000.000 et 13 : 0 % sur le surplus
2.500.000	—	3.000.000	—	10 : 0 % sur 1.000.000 et 14 : 0 % sur le surplus
3.000.000 et au delà				10 : 0 % sur 1.000.000 et 15 : 0 % sur le surplus

« Settlement Estate Duty »

Le « Settlement Estate duty » est un droit supplémentaire de 1 % : il est perçu, en outre des droits d' « estate duty », sur les biens « settled », c'est-à-dire les biens dont la transmission est limitée à certaines personnes soit par contrat de mariage, soit par suite de « trust ».

« Legacy Duty ».

Indépendamment du droit d' « estate duty », il y a un droit spécial sur les legs au-dessus de 1000 livres sterling. Ce droit ne frappe que les legs de meubles ou d'argent. Le « legacy duty » varie suivant les degrés de parenté. Toutefois les personnes veuves, ainsi que les descendants et les ascendants en sont exemptés. Pour les legs aux autres personnes, ce droit est le suivant :

3 % pour les legs aux frères et sœurs et leurs descendants ;

5 % pour les legs aux oncles et tantes et leurs descendants ;

6 % pour ceux aux grands oncles et grand'tantes et leurs descendants ;

10 % pour ceux aux autres personnes.

Le droit de « legacy duty » vient en déduction du montant du legs. Il est donc supporté par chaque légataire personnellement et n'est pas à la charge de la masse globale de la succession.

On ne doit pas le « legacy duty » lorsque le de cujus

était domicilié en dehors du Royaume-Uni, ainsi le « legacy duty » ne saurait être perçu relativement aux legs de valeurs anglaises institués par un Francais domicilié en France.

« Succession duty ».

Ce droit est perçu sur les biens mobiliers ou immobiliers transmis par suite de décès à une personne qui n'est pas tenue des droits de « legacy duty ».

Le droit de « succession duty » est à la charge personnelle de l'héritier ou du légataire et il est déduit de la part qu'il recueille; il n'est pas supporté par l'actif global de la succession.

Le taux de ce droit est le même que celui du « legacy duty ».

En résumé, pour le cas qui nous intéresse plus particulièrement, c'est-à-dire celui du décès d'un Français légalement domicilié en France laissant des biens mobiliers ou immobiliers en Angleterre, seuls l' « estate duty » et le « succession duty » sont exigibles.

Ils sont perçus sur les immeubles situés dans le Royaume-Uni, sur les titres des Sociétés qui y ont leur siège social, sur les valeurs au porteur qui s'y trouvent au moment du décès, sur les valeurs françaises en dépôt dans des banques ou entre les mains de « trustees » dans le Royaume-Uni.

Il convient aussi de noter que le Trésor anglais, sur justification de l'acte établissant le régime matrimonial, exonère l'époux français marié sous le régime de communauté, du droit de mutation sur la part qu'il recueille à titre de propriétaire en vertu de la loi française.

CONVENTION FRANCO-ANGLAISE

(15 Novembre 1907).

Il nous a paru intéressant pour terminer ce petit opuscule de donner le texte de la convention franco-anglaise du 15 novembre 1907.

Les gouvernements français et britannique se sont engagés, aux termes de cette convention, à se fournir réciproquement des renseignements, avec pièces à l'appui, sur les successions de personnes domiciliées dans le Royaume-Uni et laissant des biens en France et sur les successions de personnes domiciliées en France et laissant des biens dans le Royaume-Uni.

Il arrivait souvent par exemple que des héritiers français auxquels revenaient des titres nominatifs anglais, ne les déclaraient pas en France, mais seulement en Angleterre, et la fraude était très difficile à prouver en France, le gouvernement français ne pouvant se procurer en Angleterre des pièces officielles faisant foi devant les tribunaux français.

C'est pour obvier à ces fraudes commises dans les deux pays que la convention dont le texte suit, a été passée entre les deux gouvernements :

« Art. 1er. — Le gouvernement Britannique s'engage à « fournir, pour toutes personnes décédées, dont le domi- « cile est en France, un extrait de l'affidavit contenant les « nom, prénoms, domicile date et lieu du de cujus, les « renseignements touchant ses successeurs et la consis- « tance de l'hérédité en valeur mobilière. Toutefois l'ex- « trait ne sera fourni que dans le cas où le total de ces « valeurs mobilières atteindra au minimum 100 livres « sterling.

« Art. 2. — Le gouvernement français s'engage à four- « nir pour toutes personnes décédées, dont le domicile est « dans le Royaume-Uni de Grande Bretagne et d'Irlande, « un extrait de la déclaration de mutation par décès con- « tenant les indications énumérées à l'art. 1er. Toutefois « l'extrait ne sera jamais fourni que dans le cas où le total « des valeurs mobilières déclarées atteindra au minimum « 2,500 fr.

« Art. 3. — Les extraits des affidavits et des déclara- « tions de mutation seront certifiés par les préposés char- « gés de recevoir ou d'enregistrer ces affidavits ou décla- « rations.

« Toutefois, lorsque l'un des deux gouvernements le « jugera nécessaire, ces extraits seront revêtus, sur sa « demande et sans frais, des certifications et légalisations « de signatures exigées par la procédure en usage dans « son pays.

« Art. 4. — Les extraits des affidavits et des déclara-

« tions reçues ou enregistrées pendant chaque trimestre « seront, dans les six semaines suivant l'expiration de ce « trimestre, adressés, directement, par le « Board of In- « land Revenue » à la direction générale de l'enregistre- « ment et réciproquement.

« La correspondance relative aux dits extraits sera aussi « échangée directement entre ces deux administrations « centrales. »

Imprimerie GOUSSARD & Cie, Melle (Deux-Sèvres).

www.ingramcontent.com/pod-product-compliance
Ingram Content Group UK Ltd.
Pitfield, Milton Keynes, MK11 3LW, UK
UKHW020508230726
13925UKWH00005B/2117

9 782014 054057